MEMOIRES
POVR LE REGLEMENT
DE L'VNIVERSITE', M. DC. X.

L'VNIVERSITE de Paris a tousiours suiuy les mouuemens de l'estat de la France, & selon qu'il a fleury ou flestry, elle s'est pareillement esleuee ou abaissee. Iadis les Roys remettoient tout le reglemét d'icelle aux Ecclesiastiques, & à cause des priuileges Apostoliques, les Legats des saincts Peres, qui estoiét en France, entreprenoient ordinairement les reglements de l'Eschole de Paris. La plus ancienne reformation que nous ayons fut sous le regne de Charles V. 1366. moyennee par deux Cardinaux, *Ioannis TT. sancti Marci, & Ægidij TT. sancti Martini in montibus presbyterorum Cardinalium Commissarioru S. in Christo Patris D. nostri D. Vrbani diuinâ prouidentiâ PP. V.* La seconde est celle du Cardinal de Touteuille, apres que les Anglois furent chassez de la France, l'an 1452. sous le regne de Charles VII. Or le siecle du Roy François I. par ie ne sçay quelle speciale grace de Dieu, & par ce que le Prince affectionnoit les gens de sçauoir & les employoit, mist les lettres en credit, & fut cause que chascun s'esuertua d'employer son industrie au bien & reglemét de l'Vniuersité, laquelle pour ceste raison deuint en brief tres-florissante,

A

sans toutesfois aucune particuliere reformatio, soit de la part du Roy ou des Ecclefiaftiques. L'an 1575. & 1577. il fut donné deux Arrefts par le reglemènt de l'Vniuerfité, fur lefquels la plus grande partie de la reformatiõ de l'an 1600. a efté dreffée.

Il y a LXIII. Colleges que grandes Efcholes en l'Vniuerfité de Paris, Tournay, Boncour, l'Aue-Maria, Nauarre, la Marche, Laon, Arras, les bons Enfans, le Cardinal le Moine, les Bernardins, Chenac ou le College S. Michel, les Efcholes de Medecine, de France, de Picardie, de Normandié, d'Allemagne : le College de Montagu, Fortret, Rheims, faincte Barbe, les Cholets, du mont fainct Michel, le Mans, Coqueret, les Graffins, la Mercy, Karembert, les Lombards, Prefle, Beauuais, les Efcholes de Decret: Lizieux, le College de Dix-huict, de Clugny, de Caleuy, de Sorbone, de Clere-mont, de Marmouftier, du Pleffis, de Cambray, de Triquet, de Cornuaille, des Threforiers, de Harcour, de Iuftice, de Bayeux, de Narbonne, de Sez, de Dienuille, de Maiftre Geruais, de Bourgongne, de Premôftré, le College Mignon, de Tours, de Boiffy, d'Authun, de fainct Denys, de S. Nicolas du L'ouure, des bons Enfans de la ruë S. Honoré, & les Colle-ges des quatre Mendians, qui font foixante & trois Efcholes.

Tous ces Colleges, aucuns feulement exceptez, n'ont point efté fondez pour y tenir des efcholiers en penfion, ny pour y enfeigner les Arts comme l'on fait auiourd'huy, ains afin d'y nourrir certains ef-choliers, que les anciens appellerent *Bourfiers*, d'au-tant que chacũ Samedy de la femaine, ils mettoient

certaine somme d'argent en vne bourse, pour viure
& faire leur pension de toute la semaine, & appel-
loient cela *viuere de bursa*. Tous ces Boursiers alloiét
ouyr les leçons de Theologie aux Escholes de la Faculté, & la Philosophie aux Escholes publiques des
quatre Nations, qui sont en la ruë aux Foüerre, esquelles l'on a enseigné les Arts iusques au commen-
cement du regne de François premier ; ioint que
Ramus asseure qu'il a veu ou peu voir aucuns des
Professeurs qui auoient leu publiquement és escholes des quatres Nations.

De ce que dessus, il resulte & se voit par expe-
rience, que toutes les fondations de l'Vniuersité, excepté le Collège des Grassins qui est fondé depuis
trente cinq ans, ont esté erigez seulement en faueur
des Boursiers, non des Regens qui enseignent les
Arts, & portent tout le faix penible de l'exercice &
institution de la Ieunesse. Et par ainsi c'est à tort que
l'on se plaint de quelques petits salaires que l'on
donne à ceux de l'Vniuersité, veu qu'ils n'ont aucun
autre moyen de viure: D'ailleurs la loy diuine & naturelle nous apprend *honorarium artes alere, & ne-*
minem suis militare stipendijs, Et les Iesuistes mesmes
n'enseignent point *gratis* puis qu'ils font si bien
fonder leurs Colleges.

Pour premier principe du restablissement de l'V-
niuersité, sera bon de remarquer que les pauures
ont tousiours seruy de seminaire à l'Eschole de Paris,
& ont maintenu les charges des quatres Facultez,
Theologie, le droit Canon, Medecine, & la faculté
des Arts, qui sert de fondemét aux trois superieures
Facultez. Il y a trente cinq ou quarante ans, que de

tous les Colleges de l'Vniuerſité, il ſortoit chaſcun
an ſix ou ſept vingts pauures eſcholiers, leſquels
apres auoir fait leurs cours en Philoſophie, où paſ-
ſoient toute leur vie en la faculté des Arts, ſ'exerçans
à regenter, tant à Paris qu'aux autres villes de la
France: ou bien apres auoir regenté quelque temps,
entroient aux ſuperieures Facultez, & y ayans pris le
degré, ſ'eſpandoient par toutes les Prouinces du
Royaume, pour y ſeruir le public chaſcun en ſa vaca-
tion: Ioint que la ſocieté humaine a autant beſoin
de Theologiens pour la direction des ames & des
choſes diuines, que de Iuriſconſultes pour foutnir
de conſeil aux affaires plus importans, de Medecins,
pour auoir ſoin de la ſanté des perſonnes, & de
Maiſtres es Arts, pour enſeigner les langues & les
Arts Liberaux. Or à preſent que les pauures n'ont
aucun moyen d'eſtudier, ny meſmes quand ils auroient bien eſtudié de ſ'employer à la regence, ſoit
en l'Vniuerſité, ou aux autres villes de France, côme
ils faiſoient iadis, finalement ces quatre Facultez,
qui ſont comme quelques viues ſources de l'erudi-
tion du tout neceſſaires à la Republique, demeu-
reront taries & arides: & par ainſi dans dix ou douze
ans tout au plus, l'Vniuerſité qui peuploit iadis
d'hommes doctes tout le reſte du monde, ſera rui-
nee de fond en comble, & la France comme l'Ale-
magne ſe verra reduite à l'extremité de deux Eſcholes ſans aucune mediocrité. Choſe qui nous doit
eſtre plus formidable que toute autre monopole
que l'on puiſſe imaginer.

Autrefois les Iacobins ont eu autant de vogue
qu'ont auiourd'huy les Peres Ieſuiſtes, & comme l'on

peut recueillir des Opuscules de S. Thomas, *Contra
impugnantes religionem*, l'on disoit des freres Prescheurs
les mesmes choses que lon publie maintenant des
Petes. Toutefois l'amorce & la grace de la noueau-
té, qui rauit le monde à soy, s'estant passee en assez
peu de temps, l'on experimenta qu'il n'estoit rié plus
asseuré ny plus fructueux au public que de maintenir l'Vniuersité qui est seculiere, non reguliere, &
qui ne se peut si aisément aneantir qu'vn ordre particulier de Religieux: lequel venant à vieillir, demeu-
re tousiours à charge au public, sans y plus cótribuer
les fonctions pour lesquelles il a esté premierement
institué & bien renté, selon quel'on experiméte de
plusieurs ordres des anciés Religieux, lesquels quoy
que l'on face, l'on ne peut ramener à l'anciéne regle.
Mais l'Vniuersité, d'autant qu'elle est seculiere, non
reguliere, & qu'elle despend principalement de l'E-
stat & du Magistrat politique, depuis sa premiere institution a esté maintefois remise & reglee tousiours
de bien en mieux, & sans grande peine; quand il a
pleu au Prince la regarder d'vn bon œil, & porter
quelque affectió particuliere aux estudians. Ne faut
encor passer sous silence, que l'Vniuersité de Paris a
tousiours conferé ie ne sçay quoy de plus commun,
de plus eminent, de plus excellent, & de plus necessaire à sa patrie que ne sçauróient faire tous les Colleges des Religieux, lesquels au moins en ce temps
icy, ne s'estudient ordinairement & principalement
qu'à la splendeur de leur ordre particulier, & à trans-
former l'Vniuersité, qui est seculiere non reguliere,
en vn estat du tout regulier: au moyen dequoy, elle
n'est plus, ny en la puissance Ecclesiastique ny Poli-

tique, raiſon qui doit eſtre bien peſee, & pour laquelle le Cardinal Borromee oſta aux peres Ieſuiſtes la conduite & direction des Seminaires qu'il auoit inſtituez en l'Archeueſché de Milan. Chacun ſçait auſſi que les Catholiques Anglois ſe ſont plaints maintefois au S. Pere, dece que les Ieſuiſtes attiroiét à leur ſocieté tous les plus beaux eſprits du Seminaire Anglois, & que par ce moyé l'Angleterre demeuroit priuee du fruict & ſecours qu'elle eſperoit de ce coſté là.

Donc le deſmembrement de l'Vniuerſité en tant de Colleges reguliers queſ'on erige auiourd'huy par toute la Fráce, ne regarde tant le bien commun que le particulier, & quoy que poſſible ils puiſſent faire quelque bon Collega, ſi eſt il impoſſible qu'ils donnent au public nombre infiny de grands & doctes perſonnages en toutes les quatre facultez, neceſſaires à la ſocieté humaine: Cela eſt deu à la ſeule Vniuerſité de Paris, pour laquelle remettre & conſeruer à la poſterité, ſera bon auant toute autre œuure donner moyen aux pauures d'eſtudier, & de ſuffiſammét auctoriſer les Chefs des Colleges pour y remetrre le reſpect & l'obeiſſence, qui eſt le nerf & le fondement de toute diſcipline.

Or tout le reglement de l'Vniuerſité regarde trois ſortes de perſonnes, les Maiſtres qui enſeignent, les Eſcholiers qui doiuent eſtre enſeignez, & vne troiſieſme ſorte que l'on appelle Bourſiers. Quant aux Maiſtres pour les rendre excellens, ſoit en la diſcipline ou aux ſciences, il eſt neceſſaire quitter vne façon de viure qui s'eſt introduite aux Colleges depuis enuiron quarante cinq ans, laquelle aliene totalle-

mét les Maiſtres de leur deuoir, les rendent plus at-
tentifs au meſnage qu'à l'eſtude, c'eſt pourquoy ils
ne peuuent acquerir vn ſi profond & eminent ſçauoir que s'ils viuoient en commun, & eſtoient deſ-
chargez du ſoin du meſnage. Car les plus beaux eſprits, au lieu de ſ'affectionner à l'inſtitution de la
ieuneſſe, & de paſſer toute leur vie en l'Vniuerſité,
comme ils faiſoient anciennement, ſe donnent du
tout au meſnage pour ſortir viſtement des Collēges,
tout ainſi que de quelque mauuais paſſage, & ſuiure
quelque autre genre de vie plus fructueux & tranquille. A quoy certainement le public à grand intereſt, attendu que la faculté des Arts, qui ſert de fondement & de pepiniere aux ſuperieures Facultez, de-
meure eſpuiſee d'hommes doctes, prudens, & d'aage requis pour bien enſeigner la ieuneſſe, eſtant impoſſible que les Regés & Precepteurs qui ſont pref-
que auſſi ieunes que leurs eſcholiers, puiſſent auoir
aſſez d'auctorité & de ſuffiſance pour les bié & deue-
ment enſeigner. Auſſi ne ſont ils Maiſtres qu'à demy, & ne ſçauent ny obeïr, ny commander. Briefil
eſt à propos de deſcharger les maiſtres de tout autre
ſoin, excepté celuy qu'ils doiuét voüer à l'inſtitutió
de la ieuneſſe pour la regir ſelon le vœu & intérió
de la choſe publique: & tous les grands perſonnages
qui ont iadis enſeigné en l'Vniuerſité, n'ont iamais
eu ſoin particulier du meſnage, eſtát neceſſaire pour
bien philoſopher d'auoir l'eſprit libre & tranquille.
  Quãd l'on gardoit cette maniere de viure en commun, tout ce qui eſtoit de Maiſtres & de Regens en
vn Collège, reſpectoient les chefs des maiſons & leur
obeïſſoient comme à leurs Superieurs, chacun apre-

noit à commander l'en bien obeiſſant, tout ainſi que iadis entre les Lacedemoniens : & cette excellente diſcipline donna à la France vne infinité de doctes & excellens perſonnages qui ont flory ſous le regne de Henry II. & Charles IX. Auiourd'huy c'eſt tout à rebours, les Principaux des Colleges qui deuroiēt commander, deſpendent de tous les Pedagogues & Regens, de maniere qu'autant de Maiſtres qu'il y a en vne maiſon, ce ſont autant d'eſcholes particulieres & de monopoles contre la diſcipline publique, tous veulent commander et perſonne nobeit ; chacun inſtruit & gouuerne ſes eſcholiers à ſa guiſe, non de la methode & diſcipline qui deuroit eſtre ordonnee du public. Et là où autrefois les eſcholiers auoiēt autant de perſonnes qui les veilloient & affectionnoient le bien de leur eruditiō qu'il y auoit de Maiſtres en vn College, ils ſont de preſent abandonnez à l'indiſcretiō de perſonnes particulieres qui ne ſçauent que c'eſt de diſcipline.

Le ſeul & vnique moyen de remedier à tant de deſordres, & ſans faire grand bruit, eſt preſcrit par le quatrieſme article d'vn Arreſt de la Cour, dóné pour le reglement de l'Vniuerſité, le 20. Septembre 1577. conceu en ces propres termes, *Que pour entretenir & maintenir la diſcipline és Colleges, tous les Principaux, Maiſtres, Regens, Eſcholiers viuront en commun, ſans qu'il ſoit permis bailler ny diſtribuer aucunes portions és Chambres, ny autre part hors leſdites ſales communes, ſinon à ceux qui par maladie, ou indiſpoſition vraye & nō ſimulee, ne pourront conuenir eſdites ſales. :* Lequel expedient pour la plus grand partie eſt inſeré en la reformation de l'Vniuerſité publiee 1600. article 12. Brief

si'l

s'il plaiſt au Magiſtrat faire executer cet article ſans
aucune diſpenſe, l'on verra incontinent la diſcipline antienne remiſe, & toute l'Vniuerſité reiglee
comme le balancier d'vn horologe ; pauures & ri-
ches feront vniformément contenus en deuoir, &
contrains deſtudier, tout le monde diſnera & ſou-
pera, iouëra & eſtudiëra, veillera & dormira a meſmes heures, les regens entreront & ſortiront en claſſe la cloche ſonnante, & tout vn college, lequel cin-
quantes perſones ne ſçauroiët auiourd'huy policer,
fleſchira doucement ſous la preſence du plus ieune
regent, voire meſme du ſeul portier du College.
Dailleurs moïennát cette vie commune, le Chef du
College, pourueu qu'il ſoit prudent, en moins de
quatre ou cinq ans dreſſera vne douzaine d'hommes à la diſcipline publique, & les rendra habilles
pour gouuerner d'autres Colleges, ſoit a Paris ou
aux autres villes de France ; leſquelles pour ne pouuoir auiourd'huy recouurer d'hommes amateurs de
diſcipline, ſont contraintes auoir recours aux Peres
Ieſuiſtes : de verité non ſeulement l'Vniuerſité, mais
generalement toute la France a depreſent beaucoup
plus grand beſoin d'hommes amateurs de l'ordre &
de la regle publique, que de perſonnes doctes, ceux-
là eſtans beaucoup plus rares & difficiles à treuuer
que ceux-cy. Il ny a iamais heu republique bien in-
ſtituee qui n'aie approuué & recommandé ceſte for-
me de diſcipline commune, les Perſes, Lacedemoniens, Grecs, & autres nations : auſſi pour en parler
auec verité, ce n'eſt autre choſe qu'vne ſorte de paix
& concorde publique, laquelle nous apprend a có-
mender en obeiſſant, & a obeir en cómandant, tranſ-

mettent à chafcun de nous vne certaine affection
pouraimer le public : qui n'eft pas vn petit fecret
pour remedier aux defordres de noftre fiecle mon-
ftrueux. Faut il obmettre que toutes les plus celebres
communautez de l'Vniuerfité ont efté fondez par
perfonnes qui auoient efté nourries en cette difcipline, comme de prefent elles font ruinez par les
menfes priuez & façon de viure chafcun à fon particulier ? Que s'il eftoit loifible à aucun de fouhaitter
la ruine de l'efchofe de Paris, il n'auroit à luy faire
autre imprecation, que de perfeuerer en ce defordre
de uie particuliere, qui eft la fiebure ectique & le
poizon lent qui la confumera du tout. Veritable-
ment au mefme temps que ceux de l'Vniuerfité (a
caufe des guerres ciuiles & d'vne grande cherté qui
arriua l'an 1564.) abandonnerent cette difcipline
publique, les Peres Iefuiftes ouurirent leur efcole à
Paris, & garderent eftroitement ce que ceux de l'V-
niuerfité delaiffoient. Encor eft il a propos remarquer que par cette façon de viure en commun, les
frais des eftudes feront tellement moderez, que plu-
fieurs perfones qui ont affes peu de moiens pourrôt
bien entretenir leurs enfans aux eftudes à Paris ; &
qui plus eft, vne infinité de pauures feruiteurs qui
font aux Colleges, lefquels n'ont de prefent aucun
moyé d'aller en claffe & moins encor d'eftudier particulierement, attendu les grands empefchemens
qu'ils ont a caufe du mefnage de leurs maiftres, fe
pourront auancer par les eftudes & feruir au public,
comme firent iadis MM. Strebeus, Ramus, Amiot,
Riant, Turnebus, Dorat, Anroux, Goulu, & plu-
fieurs autres qui mefme ont heu part aux charges

publiques. Pour commencer à establir cette vie cómune ; il seroit expedient, & au plus-tost que faire
se pourra, d'affecter quelque fond pour la nourriture des regens, & faire accommoder par les Colleges
quelques salles & cuisines communes propres a de-
mener cette discipline, & tenir les enfás nettemét &
chaudement en hyuer: car les viures, habillemens, liures, & autres cómoditez necessaires aux estudians,
estás auiourd'huy cheres, & les pauures escholiers sás
aucune immunitez & priuileges, il est impossible
aux Principaux qui n'ont aucun reuenu du monde,
pouuoir soustenir le faix de ceste mense commune,
s'il ny est pourueu du public. L'on tient que le grád
Roy François vouloit destiner à l'vniuersité quelques benefices pour entretenir & salarier les regens;
s'il plaisoit à sa Majesté, ce seroit chose bien aisée à
faire & ne pourroient estre mieux emploiez qu'a
l'instruction de la ieunesse & entretien d'vne pepiniere de pauures estudians. Toutesfois il se faudra
bien garder des corruptions de ce siecle pestilent,
In quo omnia prece, pretio, & sordidissimis prensationibus
cauponamur, & ne sçay mesmes si la caution de Pline
Epistre 13. du 4. liure, seroit suffisante: lequel faisant
vne fondation pour des regens, en laisse le chois
seulement à ceux qui ont des enfans lesquels
estudient. *huic vitio, inquit, vno remedio occurri potest, si*
parentibus solis ius conducendi præceptores relinquatur, iis-
demque religio recte iudicádi, necessitate collationis addatur.
Nam qui fortasse de alieno negligentes erunt, dabunt operá
ne eam pecuniam non nisi dignus accipiat, si accepturus & ab
ipsis erit. Et conclud ainsi, *Omnia libera parentibus ser-*
uo, illi iudicent, illi eligant: ego mihi tantú curá & impédium
vindicabo.   B ij

Mais à l'aduanture aucuns pretendront qu'auiourd'huy plusieurs parens ne voudrót souffrir que
leurs enfans soient nourris en vne si grande multi-
tude, attendu, ainsi qu'aucuns obiectét, quel'on n'y
peut estre si nettement ny si bien traicté. L'on res-
pond qu'où les enfans de maison que l'on mettra
au College seront de la pésion du principal, ou bien
si les parens desirent qu'ils ayent cuisine à part & des
maistres qui facent leur pension, à tout le moins sera il bon les astraindre venir manger en la salle commune à vne table particuliere qui leur sera dressée
pour cet effect , & auec tel appareil & mundici-
té que l'on iugera conuenable : & ce afin que sans
aucun excepter, tous les escholiers soient habituez à
la discipline publique & vie cómune : pour laquelle
remettre, il est necessaire ramener les choses à leurs
premiers principes, au moins autant que la raison le
pourra permettre : autrement il sera impossible faire
obseruer ce sainct reglement : lequel dans peu de
temps pourroit produire de bons effects, & façon-
ner pleusieurs hommes au public, amateurs de l'ordre & de la regle, laquelle il semble que tout le monde aye auiourd'huy en horreur. Et afin d'authoriser
cette discipline commune, & mieux contenir la ieunesse en deuoir durát les repas, il sera expediét distri-
buer à chacune table deux Maistres pour le moins,
auec tel temperament, qu'il y aye tousiours l'vn des
premiers & des derniers Regens ensemble, cóme le
Physicien & septiesme, le Dialecticien , & sixiesme,
le quatriesme & premier Regét, seló que la prudence
des chefs des Colleges iugera estre plus à propos.
Mais d'autát que les pauures sont la seule resour-

ce de l'Vniuerſité, il ſeroit beſoin fonder des Seminaires , autrefois ceux que l'on appelle Bourſiers
auoient eſté inſtituez à cet effect; mais le public n'en
a recueilly le fruict que les fondateurs eſperoient,
joint que pour vn qui eſtudie il y en a vingt qui ne
font que monopoler contre la regle, & recherchent
ſeulement les Bourſes pour iouyr des emolumens,
ſans ſe ſoucier de ſatisfaire à l'intention des fondateurs, auſſi le plus ſouuent les ont ils obtenues *ambitu*. Pour les contraindre à leur deuoir, les chefs des
maiſons, ſi aucuns ſe trouuent affectionnez à la regle, ſont contrains entreprendre pluſieurs procés,
mais le plus ſouuent apres auoir obtenu quelques
reglemens, l'execution s'en treuue impoſſible, &
faudroit perpetuellement plaider; c'eſt pourquoy ils
ſont contraints de tout abandonner. Parquoy affin
que le ſemblable n'arriue des Seminaires que l'on a
deſſein de fonder, il ſera expediét choiſir de pauures
enfans en l'aage de xij. ou xiij. ans, de bonne & for-
te complexion, & ſortis de gens de bien , joint que
comme pour faire des hommes doctes il faut eſtre
ſain d'eſprit & de corps, au cas pareil pour vn iour
profiter au public, & comme dit Plutarque aller par
tout la teſte leuee, il faut eſtre ſorty , & de legitime
mariage, & de parens qui ſoient ſans reproche. Il ſeroit encor beſoin que telles fondations peuſſent
ſuffire à la nourriture deſdits Seminaires , tellement
qu'ils peuſſent eſtre de la derniere penſion du Principal (qui ſeroit moderee au plus raiſonnable pris
que le Magiſtrat auiſeroit) & d'auantage que chacun des Maiſtres & Regens du College euſt en ſa
chambre deux ou trois de ces Seminaires pour les
inſtruire liberalement & ingenuëment , tout ainſi

que les autres enfans de maison : car il se faut bien
garder de les mettre tous ensemble en vne chambre commune, ainsi que l'on faict les Capettes
de Montagu, ou les enfans de chœur des Eglises
Collegiales, attendu qu'ils n'apprennent ordinairement qu'a frippóner. D'ailleurs estás meslez parmy
les enfans de bóne maison cela leur esleuera le courage, les ciuilizera & rédra plus capables de seruir vn
iour au public, qui doit estre toute la fin de l'institution de la ieunesse. Que si ces Seminaires, apres auoir
esté deux ou trois ans tout au pl⁹ au college, n'estoiét
treuuez assez sains d'esprit & de corps, ny assez capables pour estudier, ou bien pour vn iour seruir à la
discipline publique (car il y a des esprits qui sont
nais à commander & regir, les autres ne sont propres qu'a estudier, aucuns peuuent bien faire l'vn &
l'autre) il seroit à propos donner permission aux Recteurs des Colleges d'en pouuoir substituer d'autres
en leur place, de la qualité requise par les statuts, &
aux cautions necessaires, affin de pouruoir soigneu-
sement à ce que l'on n'abusast de ces fondations, &
qu'au lieu de pauures l'on ne remplist les places de
ces Seminaires, d'enfans desquels les parens eussent
assez de moyens pour les entretenir aux estudes, &
par ainsi que l'Vniuersité n'en receust aucun se-
cours. Toutefois ordonnent que lesdits Seminaires,
apres auoir fait leurs estudes, seroient tenus seruir à
l'Vniuersité, & y contribuer autant de leur temps,
qu'ils y auroient demeuré pour faire leurs estudes,
l'on pourroit empescher beaucoup d'abbus. Or il est
croyable que ces Seminaires bien códuis & instruits
en la langue Grecque, Latine, & aux Ars, & d'auan-

tage esleuez dés leur premiere ieunesse en vne bonne discipline, apporteroient quelque iour vn tresgrand profit au public, & que plusieurs d'entre-eux paruiendroient à vn rare & excellent sçauoir, selon la faculté qu'ils voudroient embrasser, soit la Theologie, Iurisprudence, Medecine, ou la faculté des Ars pour regenter en l'Vniuersité, & regir quelque iour les Chaizes du Roy, qui sont merueilleusement decheues de leur ancienne splédeur, & à l'on bien besoin d'y pouruoir. Sans doute ces fondations bien gardez & entretenuës, inuiteroiét plusieurs Villes & Communautez de la France, voire mesme beaucoup de particuliers, à fonder des Seminaires, qui vn, qui deux, qui trois, tout ainsi que jadis chacun instituoit des Boursiers : & de là est venu ce grand nombre de College que nous voyons à Paris. Ce dessein pourroit encor seruirde modelle pour regler les anciennes fondations des Boursiers de l'Vniuersité, par ce qu'au lieu de grands Boursiers (au moins aux Colleges où ils ne font aucun deuoir d'estudier, selon le desir des fondateurs) l'on en pourroit choisir de l'aage de x i i. ou x i i i. ans, de la qualité requise par la fondation, & les obliger, apres auoir fait leurs estudes, de trauailler en l'Vniuersité s'ils en estoiét requis. Mais il est bien necessaire pouruoir a vn autre desordre, c'est qu'en plusieurs Colleges, si aucuns Boursiers estudient en Theologie, ou en quelque autre Faculté, suiuant la fondation, ils le font le plus tard qu'ils peuuent, & encor apres auoir pris le degré de Docteur, se perpetuét en leurs bourses; de mode qu'vn seul Boursier tient & occupe autant de temps sa bourse, que deuroient faire quatre

ou cinq Bourſiers ſucceſſifs les vns aux autres: & par
ce moyen & le public & l'intention des fondateurs
eſt fruſtree.

Quant à la fondation des pauures de Montagu,
elle a peu eſtre bonne en ſon temps, mais auiour-
d'huy elle eſt du tout inutile au public, comme par
trop ſordide, ſeruile, & obſcure: auſſi à l'on remarqué
que de cette eſchole des Cappetes, il eſt ſorty bien
peu d'hommes doctes & de iugement, & d'auantage que tous les enfans de maiſon ont touſiours re-
fuy le College de Montagu, lequel neantmoins,
apres Nauarre, eſt le mieux baſty de toutes les maiſons de l'Vniuerſité, & ſeroit plus propre & capable
pour faire vn beau ſeminaire que tout autre: attendu qu'il eſt tout carré, de ſorte que les Eſcholiers ne
ſe ſçauroient mouuoir qu'ils ne ſoient touſiours, *in
oculis & conſpectu præceptorum*, qui eſt vne choſe tres-
neceſſaire pour bien contenir la ieuneſſe & la dreſ-
ſer à vne bonne diſcipline: D'ailleurs la fondation
de ceſte maiſon, à ce que l'on dit, porte qu'il y doit
auoir 72. pauures, en memoire des diſciples de noſtre Seigneur. Donc affin de les nourrir & enſeigner
plus liberalement, il ſeroit plus raiſonnable de les
reduire au tiers, & les inſtruire tout ainſi que les autres Seminaires, deſquels nous auons parlé cy deuant, ſans qu'ils fuſſent plus aſtrains à mener vne vie
de Chartreux, ny pareillement auſſi leur Principal &
autres Officiers de cette maiſon, & ſeroit encor expedient leur donner vn habit plus ciuil & honneſte
que celuy qu'ils portent.

Somme toute, puiſque la ſufiſance que nous ac-
querons, deſpend principalemét de la premiere inſtitution,

ſtitution, tout ainſi que la bonne ſauté & complexion naturelle prouient du premier laiᴄt que nous
ſucçons en noſtre enfance, c'eſt de laprudence du
Magiſtrat de bien pouruoir, par l'aduis des expers,
de quelle methode l'on doit vſer à l'inſtitution des
enfans, veu que la doᴄtrine ſans methode, reſſemble
à vn flambeau allumé ſous vn tóneau, lequel ſe con-
ſume ſans que ſa clarté profite de rien. Qui deman-
deroit aux plus capables & iudicieux maiſtres qui
enſeignét en l'Vniuerſité, ſ'ils auoient auiourd'huy
à inſtruire particulieremét quelques enfans de maiſon, de quelle façon ils y procederoient, ie m'aſſeure
qu'ils n'auroient garde de praᴄtiquer les longueurs
de noſtre routine aueuglee, attendu qu'en matiere
d'inſtruᴄtion, il faut donner peu de preceptes, &
beaucoup d'vſage, ioint qu'aux Ars, la praᴄtique eſt
la fin de la ſpeculatiue. Par ainſi ſ'arreſter aux embar-
raſſemens de nos lóngs preceptes de Deſpautere, de
Rhetorique, & de Dialeᴄtique, & de dóner de grandes annotations, comme l'on a fait à l'exemple d'aucuns, c'eſt tout de meſme que ſi quelqu'vn faiſant
vn voyage ſur mer, au lieu de gagner viſtement vn
bó port, ſ'amuſoit à manger du biſcuit & à boire de
l'eau puante au nauire. Les aᴄtes de l'Vniuerſité teſ-
moignent, qu'au regne de Louys XI. il ſe treuua de
bonnes gens au conſeil du Roy, qui firent defendre
aux Profeſſeurs en Philoſophie, qu'on liſoit alors
en la ruë au Foüerre, d'enſeigner la doᴄtrine des
Scholaſtiques nominaux, attendu que ce ne ſont
que pures fantaſies & chimeres: c'eſt merueille
qu'en vn ſiecle ſi poly, & en vn Royaume ſi abondant en beaux eſprits qu'eſt la France, l'on n'aye de-

C

puis foixante ans pourueu à ce que l'on enfeignaſt la Grammaire, Rhetorique, & Dialectique, d'vne facile & briefue methode, qui fut vniformément gardee par tous les Colleges : au moyen dequoy l'on pourroit en trois ou quatre ans, apprendre aux enfans, ce qu'à grand peine ils peuuét ſçauoir en huict ou neuf. Autrefois Ramus à eu ce defir, mais pour auoir beaucoup plus deferé à ſon iugement priué, qu'au ſens commun de toute l'antiquité, (car il a touſiours eſté plus prompt à reprédre que difpoſé à bien entendre les anciens Autheurs) & pour auoir auſſi voulu trop innouer, il a eſté priué de la fin qu'il ſ'eſtoit propoſee, & ſa patrie du fruict qu'elle en pouuoit attendre. Pour donc paruenir au moyen de bien & fructueuſement inſtruire la ieuneſſe en peu de preceptes & beaucoup d'vſage, ne ſeroit-il point à propos qu'entre vne infinité de Grammaires, Rhethoriques & introductions de Dialectiques que nous auons, l'on en choifift les plus faciles, les plus briefues & methodiques? ou bien que de toutes celles-là, le Magiſtrat cómendaſt d'en compoſer quelques-vnes, pour apres auoir eſté bien reueuës & recogneuës par les experts, & approuuez par le Magiſtrat, eſtre receuës par toute l'Vniuerſité, afin de garder l'Vniformité de diſcipline, & que l'on cognuſt, comme nous ſommes tous ſubiets à meſme Prince, que nous fuſſions tous conduits d'vn meſme eſprit? Et tout ainfi qu'aux baſſes claſſes l'on a de couſtume recuire ſouuét les meſmes preceptes de la Grammaire, au cas pareil, il ſembleroit neceſſaire, depuis la quatrieſme iufques à la premiere claſſe excluſiuement, que l'on interpretaſt tous les ans meſmes ré-

gles de Rhetorique; & en la premiere claſſe meſme
introduction de Dialectique, ſçauoir les definitiõs
& diuiſions des termes, pour les faire apprendre par
cœur aux eſcholiers, & les inſtruire par principes &
maximes generales. Quelle apparence y a-il de chan-
ger & prendre tous les ans nouueaux preceptes de
Rhetorique ou Dialectique comme l'on fait? veu
que ce frequent changement eſt cauſe que les eſcholiers n'apprennent iamais les preceptes de l'elo-
quence, qui eſt entre tous les Arts liberaux le plus
politique & le plus propre à gouuerner les hômes:
ny pareillement les reigles de la Dialectique, ſans
laquelle, & plus vn homme a de ſçauoir, & plus il eſt
broüillé, reſſemblant au Polypheme aueuglé d'V-
liſſe, lequel auoit beaucoup de force, mais ſans aucune conduite. Tant y a qu'en matiere des Arts, il eſt
neceſſaire faire chois de certains preceptes, & ne les
iamais varier, & d'auantage practiquer la maxime
du Poëte, *Quicquid præcipias eſto breuis.* C'eſt pourquoy
apres que les enfans ont bié appris à decliner & con-
iuguer, il eſt expedient les mener incontinent à
la ſyntaxe, ſans s'amuſer aux regles des declinaiſons
ou coniugaiſons : Car pour ceiles-là, elles ne ſeruét
rien du tout, mais au contraire empeſchent beaucoup ; pour celles-cy, l'vſage eſt plus certain & facile.

Quand à la langue Grecque, il ſeroit bon de la
faire paſſer en leçõs ordinaires, car de l'enſeigner ou
aux repetitions, ou à quelques autres heures extraordinaires, c'eſt abuſer du temps & des enfans. Il
ſembleroit fort à propos, qu'en toutes les ſuperieures claſſes, comme Troiſieſme, Secóde, & Premiere,

l'on fiſt leçon ordinaire en Grec, de ſorte que les eſcholiers euſſent au moins quatres leçons Grecques la ſepmaine , ſçauoir tous les Mardis & Ieudis entiers , & les apreſdinez aux feſtes:ou bien à autres heures que les Chefs des Colleges aduiſeroient, moyennant qu'elles fuſſent ordinaires. Pour les baſſes claſſes , il eſt expedient que l'on y enſeigne exactement la Grammaire de Clenard, qui eſt treſbriefue & tresfacile. Ce qu'eſtant bien obſerué , tous les Maiſtres & les eſcholiers eſtudieront en Grec, & par ainſi cette langue ſe rendra autát commune que la Latine. Mais d'autant que l'homme eſt nay *ad ciuilem ſocietatem*, ſera beſoin de pouruoir que l'on dreſſe les enfans à vn ſçauoir politique , banniſſant des Colleges , ie ne ſçay quelles vieilles ferrailles de vocables & de ponctilles de Grammaire, qui ne ſont à aucun vſage.

L'antienne couſtume de faire leçon les Feſtes & Dimanches, eſt bien de plus grande importance que l'on n'eſtime , pour eſtablir vne bonne diſcipline, & pour rendre les regens & les eſcholiers ſtudieux: qui veut vn iour ſçauoir quelque choſe, il faut de bonne heure qu'il s'accouſtume a demeurer long temps en vne place. Certainement qui diuiſera l'annee en trois parties , & comtera toutes les feſtes , & dimanches, veilles de feſtes , & autres iours auſquels les eſcholiers n'ont leçon, l'on trouuera que les deux parties de l'ânee ſe paſſent ſans rien ou bié peu faire: & que par ce moyen la ieuneſſe, & meſme pluſieurs Maiſtres, s'accouſtument à la deſbauche, & à vne façon de viure inconſtante, vague, & legere: couſtume qu'ils retiennent apres tout le reſte de leur vie, au

grand intereſt du public, & de leur particulier. Da-
uantage les eſcholiers n'ayans aux feſtes aucunes leçons pour eſtre retenus au College, il faut neceſſai-
rement qu'ils courent par la ville, qu'ils eſtudiét par
les trippots & cabarets, & facent de la deſpence ex-
traordinaire pour fournir à leurs deſbauches, dequoy les parens ont raiſon de ſe plaindre. Il y a
vingt-cinq ou trente ans que l'on faiſoit encor
leçon par toute l'Vniuerſité toutes les feſtes &
Dimanches, ſçauoir depuis neuf iuſques à dix heures du matin, & depuis quatre iuſques à cinq heures du ſoir; & aux feſtes d'Apoſtres il y auoit decla-
mations publiques par tous les Colleges : vſance
qu'il eſt neceſſaire remettre. Et affin que les enfans
ſoient inſtruis à la pieté, & aux principes de la religion Chreſtienne, il ſembleroit bien à propos, qu'v-
ne heure deuant ou tantoſt apres la Meſſe du College, tous les Regens enſeignaſſent le texte du Cathe-
chiſme par toutes les Claſſes, & cótraigniſſent tous
les eſcholiers de le dire par cœur, ſçauoir en Fráçois
aux baſſes, & aux ſuperieures claſſes en Latin : Pour
les apreſdinez, faire auſſi vne bóne heure de leçon,
ſoit en Grec, ou de quelque autheur Latin. Quand
ceux de l'Vniuerſité ont quitté ceſte loüable couſtume de faire leçon les feſtes & Dimanches, ils l'ont
penſé faire auec grande religion, comme auſſi de
preſent pluſieurs ont changé leur robe en manteau,
& leur bónet quarré à vn chapeau, parce, diſent-ils,
que les Peres Ieſuiſtes en vſent ainſi : mais ils deuoiét
conſiderer que les Peres qui ſont Religieux, ne fai-
ſans leçon les feſtes & Dimanches, pratiquoiét d'autres moyés pour retenir leurs eſcholiers à la maiſon.

Or n'y ayant aucune action en laquelle l'on puisse plus exactement recognoistre le naturel des enfans, qu'au jeu, attendu qu'ils pensent lors estre comme emancipez & en leur plaine puissance: Il sera bon aux iours que l'on ioüera aux colleges, pouruoir à ce qu'il y aye tousiours quelque Maistre en la Cour du College, pour veiller & prédre garde aux deportemens des escholiers, à ce qu'ils gardent vne modestie, qu'ils parlent Latin en joüant, & saluënt honnestement les personnes qui passeront par la Cour. Chacun Regent au tour de sa semaine doit estre obligé de vacquer à ceste charge.

Il y a auiourd'huy parmi la ville de Paris plus d'vne trétaine de petites escholes, esquelles certains hommes d'Eglise, bien souuent ignorés, enseignent des enfans, & y font iusques à trois & quatre classes, qui est vne autre petite vniuersité dedans Paris: à quoy il seroit besoin pouruoir, & deffendre qu'en telles escholes l'on ne puisse enseigner autres liures que les rudiméts & premiers principes de Grammaire auec l'escriture: car aussi bien la plus part de ces bonnes gens là, font perdre le temps aux enfans, & leur apprennent des prononciations vicieuses, que l'on ne leur peut faire desaprendre en trois ans entiers, & bien souuent ils les retiennent toute leur vie.

Encor est-il besoin pourueoir, & à ce qu'aucũ Maistre, estát actuellement en charge de Regéce, pour le moins aux Classes d'humanité, ne puisse demander ny accepter le Rectorat, attendu les distractions qu'vne telle charge apporte, à raison des reueües, visitions des Colleges, & autres affaires ordinaires, ou extraordinaires de l'Vniuersité, lesquelles em-

ployent du tout le Recteur:& pour cette raifon, l'on
ne permettoit antiennement qu'aucun peuſt tenir
le Rectorat plus de trois mois, là où auiourd'huy
ils font ordinairement continuez demy an ou neuf
mois.

Et parce que l'obſeruation de toute la diſcipline
deſpend de la feuerité de la Cenſure, il ſemble que
l'on doibt bien donner ordre, a ce qu'en chaſcune
Faculté l'ó face chois de perſonnes propres a excer-
cer la charge de Cenſeur, ſelon qu'il eſt preſcrit par
l'arreſt de leur inſtitution, donne le 15. Septembre
1601. L'office des Céſeurs eſt, quand l'on viſitera les
Colleges d'affiſter le Recteur, pouruoir & requerir
que la diſcipline ſoit eſtroittement gardee, & ſans
aucune fraude, toutes les fondations & reglemens
de l'vniuerſité ſongneuſemét entretenus, que les vi-
ſitatiós des Colleges ſe facét auec prudence & graui-
uité, ſans que l'on puiſſe en vn iour viſiter plus de
trois ou quatres maiſons tout au plus, eſtant neceſ-
faire de conferer auec les chefs, Regens, Bourſiers,
Pedagogues, Seminaires, pour eſtre aduertis de tout
l'eſtat des Colleges, & par commun conſeil, donner
ordre a ce que l'Vniuerſité recouure ſon ancienne
ſplendeur. Que ſi aucuns differés naiſſent aux Colleges, qu'il ſoiét compoſez à l'amiable *& ſine ſtrepitu*
forenſi, eſtant neceſſaire qu'aucun de l'Vniuerſité ne
ſe face cognoiſtre qu'en bien faiſant ſa chargé. Ces
viſitations bien & prudemment faites apporteront
beaucoup d'authorité à la dignité Rectorialle, & parce qu'elles ſont inſtituez *ad roborandã non ad ſoluẽdam*
diſciplinam, les Recteurs ſe doiuét biẽ dõner garde, en
viſitans les Colleges de donner congé de iouër aux

escholiers , comme l'on a faict cy-deuant trop inconsiderement.

Il est pareillement expedient pouruoir au chois des Principaux & chefs des Colleges, veu que de ce seul point, comme d'vne regle viuante, toute la discipline & l'execution de tous les reglemens despendent, au moyen dequoy ils doiuent estre suffisamment auctorisez pour establir vne bonne discipline, & esleuz sans autre acception ou consideration que du bien public. Quant les sacrez ellections auoient lieu, les Collateurs & Superieurs des Colleges, qui sont tous Ecclesiastiques, se souuenans qu'ils auoiét esté tirez de l'Vniuersité pour estre promeuz aux Prelatures, se rendoient protecteurs des estudians, & tenoient à grand honeur d'assister aux actes scholastiques de l'Vniuersité, donnás par ce moyen courage, & quelque esperance de promotion à tous les estudians , & sur tout pourueoyent de bons chefs aux maisons & familles desquelles ils auoient la surintendéce. Auiourd'huy, pour le plus ordinaire, telles charges sont conferez *ambitu & prensationibus:* c'est à MM. les Commissaires du Roy d'y pourueoir, comme à chose du tout necessaire pour le reglemét de l'Vniuersité,

Par la derniere reformation de l'Vniuersité, article 23. du reglement de la Faculté de Theologie, il est disertement ordonné, *Nihil a doctrina Christiana alienum , nihil contra Patrum orthodoxorum decreta, nihil contra Regis Regnique Gallici iura & dignitatem disputetur aut proponatur : si secus fecerint, & Syndicus, & Præses, & respondens extra ordinem puniantur.* Mais encor seroit-il necessaire pourueoir à ce que partout

le

le Royaume de France l'on n'enseignaſt aucune doctrine, & que lon n'imprimaſt aucun liure, lequel di-
rectement ou indirectement peuſt contreuenir à vne
ſi ſaincte ordonnance, ou bien apporter quelque
occaſion de ſcandale, de trouble & de ſchiſme à noſtre antienne croyance. En Eſpagne ceux qui ont
charge du ſainct Office, ne permettent iamais que
l'on publie aucun liure, ou bien que l'on enſeigne
verbalement aucune doctrine contraire aux tradi-
tions qu'ils ont religieuſement receuës de leurs an-
ceſtres, ou bien meſme aux droits & pretentions du
Roy d'Eſpagne, qui eſt tres-prudément fait: pour
preuue de ce, l'on peut alleguer premierement l'hi-
ſtoire du voyage de S. Iaques aux Eſpagnes, qu'ils tié-
nent pour article de foy, ſecódement le xi. volume
des Annales du Cardinal Baronius, touchant la Mo-
narchie de Sicile; tiercement la Chronologie de Ge-
nebrard, qu'ils ont céſuree, attendu qu'elle enſeigne
Ferdinandum Hiſpaniæ Regem, nullo alio meliore iure, quâ
quod ſibi vtile & commodum eſſet, regnum Nauarræ, expul-
ſo Ioanne Albreto, occupaſſe anno 1513. Quand le ſainct
office de Rome à voulu entreprendre aucune choſe
au preiudice des Eſpagnols, les Ambaſſadeurs du
Roy d'Eſpagne s'en ſont plains au S. Pere, & ſi ſont
oppoſez. En France par noſtre grande facilité tout
nous eſt indifferent, il y a quelque temps que l'on a
publiquement dogmatizé en l'Vniuerſité de Paris,
contre la commune croyance de toute l'Egliſe Gallicane, touchant l'immaculee Cóception de la Vier-
ge, qui eſtoit appertement faire vn ſchiſme ſcanda-
leux, & troubler les conſciences du peuple. *Hoc ne*
vnquam vt piè aut prudéter factum defendi poteſt? Quare nòs

D

turbatum venis? mea eſt poſſeſsio, olim poſsideo, prius poſsideo, diſoit Tertulien. Auiourd'huy l'on ne prend encor garde, qu'il ſe publie, & imprime tous les iours quátité de gros volumes contraires à l'antienne doctrine des Peres, aux antiennes maximes de l'Egliſe Gallicane, reſolutions de l'Eſchole de Paris, & police antiéne tát Eccleſiaſtique que ſeculiere de toute la Fráce. Au moyen dequoy , l'on ſappe l'Eſtat, ſans ſonner le tabourin , & nous ſerons tout eſbahis que ſans y auoir penſé, & ſans auoir bougé de la France, nous nous trouuerons tranſportez en vn autre Royaume. Pour à quoy obuier & empeſcher le cours de ces dogmes exotiques , il ſeroit de la prudence du Magiſtrat , premierement enioindre au Syndic de la faculté de Theologie qu'il euſt à prédre bien garde à tels liures, & en faire plaincte , tant à la Faculté qu'au Magiſtrat. Secondement, donner ordre à ce que tous les profeſſeurs en Theologie tiennent la main a refuter diligemment en leurs leçons telles doctrines eſtrangeres, ſelon qu'ils en ſçauront prudemment faire naiſtre les occaſions : veu que les autheurs d'icelles, les tirent le plus ſouuent par les cheueux pour en farcir leurs traitez; meſmes affin de les faire receuoir auec plus de religion & de crainte, ils les entaſſent aux liures qu'ils compoſent des cas de conſcience. Tiercement ſeroit beſoin faire chois de ſix docteurs en Theologie, leſquels feroient ſerment de veoir & prendre bien ſoigneuſement garde à tous les liures que l'on veut uendre ou faire imprimer, pour en conferer auec la faculté de Theologie , & en faire leur rapport au Magiſtrat, affin d'en permettre ou deffendre l'impreſſion ou la vente : &

par ainſi ſembleroit neceſſaire que leſdits ſyndic, le-
cteurs, & ſix docteurs, vn iour de la ſepmaine con-
feraſſent enſemble deſdits liures, premier que d'en
faire leur rapport à la Faculté ou au Magiſtrat. Car
en toute republique bien ordonnée, il ſeroit neceſſaire comme dit M. Iean Gerſon, qu'il y euſt vn corps
de Theologiens qui peuſt librement traiter la Theologie, & vacquer a vn ſi bon office, dequoy les Ita-
liens & Eſpagnols nous ſeruēt d'exemplē: & ſemble
que nous n'aions ny moins de ſubiect, ny moins de
moyens d'en ainſy vſer pour noſtre cóſeruation que
font ceux-là: le reuenu de quelque mediocre bene-
fice pourroit ſuffire a gager les ſix docteurs qui vac-
queroint à vn ſi ſaint œuure, car il ne faudroit qu'ils
fuſſent emploiez a autre choſe quelconque, qu'a lire
tous les liures que lon voudroit faire imprimer.

Pour concluſion de ces memoires, quand il plai-
ra à ſa Maieſté eſpandre quelque particuliere affection à l'endroit de ſon Vniuerſité de Paris; que
MM. du Clergé y daigneront contribuer leur quot-
te part; qu'il viendra auſſi à plaiſir à M M. de la ville
de Paris d'en auoir pareil ſoin qu'ils ont des enfans
du S. Eſprit, de la Trinité, & d'autres maiſons, qui
ſont beaucoup moindres que l'eſchole de Paris, l'on
verra en peu de temps l'Vniuerſité, qui fait vne troiſieſme partie de la ville, remiſe en ſon antiéne dignité. De verité elle a fait & peut encor a l'aduenir faire
de tres-grands & ſeignalez ſeruices à l'Egliſe vniuer-
ſelle & a toute la France. M. Iean Gerſon remar-
que, qu'elle a conſerué la pureté de la Theologie à
l'Egliſe, quelle a debellé les ſchiſmes de l'an 1410.
qu'elle s'eſt touſiours oppoſee, comme elle fait en-

cor, aux doctrines eſtrágeres, aux erreurs, aux abbus,
nouueautez, & ſuperſtitions : que de tous les en-
drois de l'Europe , & meſme de la Cour de Rome,
l'on en a ſouuent recherché les reſolutiõs, & preferé
à toutes autres, & que les SS. Peres ont maintefois
teſmoigné par leurs bulles & eſcris, en quelle eſtime
ils auoiét l'Vniuerſité de Paris: laquelle a faict encor
florir l'Egliſe Gallicane par deſſus toutes les autres,
& d'abondant a rendu le peuple de Paris plus enclin
à la vraye pieté & ſincere deuotion, que toute autre
nation du monde, & ce par le moïen de la faculté de
Theologie : celle du Decret n'aiant auſſi en ſon téps
manqué à ſon deuoir. Quant à la faculté de Medecine, le monde ſeroit empoizonné des charlataneries
empiriques ſans elle. Pour la faculté des Ars, qui ne
ſçait qu'ell'a debellé la barbarie, enſeigné au monde la pureté des langues, Latine, Grecque, Hebraï-
que, & Chaldaique? Quel honneur eſt-ce à la France, que Paul Manuce, le plus docte & le plus elo-
quent de toute l'Italie, confeſſe ingenuement auoir
apris la pureté de la láguelatine de Petrus Bunellus?
& que les plus doctes profeſſeurs de l'Vniuerſité de
Leidá, recognoiſſent que Ioſeph Scaliger, qui eſtoit
auſſi Françoys, les aye introduis *in rectam ſcribendi &*
docëndi viam, dum antea cum Lipſianis errarent? Par ainſi
tout le monde, particulierement la France & Meſ-
ſieurs de Paris, doiuent bien procurer le reſtabliſſe-
ment de l'Vniuerſité , preferer les antiennes ami-
tiézaux nouuelles, quoy que plus brillantes & ſpe-
cieuſes, & bien aduiſer, qu'au lieu de purger, l'ó neſ-
meuue datiátage les mauuaiſes humeurs du corps de
l'Vniuerſité, côme l'ó a veu à la reformatió derniere.

FIN.

www.ingramcontent.com/pod-product-compliance
Lightning Source LLC
Chambersburg PA
CBHW060530200326
41520CB00017B/5198